Aimer sa Vie...

plus que jamais !

Livret d'enseignements et d'accompagnement

Marc & Sylvie

FONDATEURS DE L'INSTITUT HDA

Aimer sa Vie... plus que jamais !

Éditions Médicis

Éditeur : Matthieu Fortin
Directeur éditorial : Matthieu Fortin
Révision d'épreuve : Matthieu Fortin
Révision linguistique : Matthieu Fortin
Illustrations : Thinkstockphotos, Gettyimages
Graphisme et mise en pages : Matthieu Fortin

Pour l'édition française :
© 2022, éditions Médicis, une marque du groupe
Guy Trédaniel
19, rue Saint-Séverin 75005 Paris
ISBN : 978-2-85327-778-5
info@guytredaniel.fr
www.editions-tredaniel.com

Imprimé en Chine

TABLE DES MATIÈRES

BIENVENUE

Nous vous souhaitons la bienvenue dans cette toute nouvelle édition du jeu de cartes d'inspiration « Aimer sa Vie ». Suivant notre propre processus d'évolution, nous avons ressenti l'élan de rafraichir et d'enrichir les 8 thèmes d'origine ainsi que leurs messages. Ainsi, pour célébrer ses 5 ans, nous sommes heureux de vous présenter une version revue et améliorée de ce jeu « best-seller » que nous affectionnons particulièrement. De plus, nous y avons ajouté un 9e thème qui apporte un souffle nouveau et une dimension complémentaire vous permettant de vibrer plus que jamais.

Puissent ces cartes et leurs messages illuminer votre conscience dans l'amour et la bienveillance, vous permettant de vibrer à votre plein potentiel et de vous connecter harmonieusement avec tout ce qui est. Car Aimer sa Vie, c'est la base de tout.

Marc & Sylvie

FONDATEURS DE L'INSTITUT HDA

INTRODUCTION

Aimer sa Vie, c'est vibrer à son plein potentiel. Lorsque vous aimez VRAIMENT votre vie, vous êtes en connexion avec TOUT ce qui est. Cet état vous entraîne à vivre dans l'ouverture, l'accueil et l'acceptation, vous permettant de tirer profit de chacun des moments, événements et personnes qui contribuent à votre existence. Aimer sa Vie incite à alléger son parcours, à être plus serein et à ouvrir son coeur à tout ce qui est, car TOUT a sa raison d'être. Vos expériences de vie sont à la fois les reflets de qui vous êtes maintenant autant que des invitations à découvrir qui vous êtes en réalité, soit des êtres multidimensionnels évoluant dans un monde multidimensionnel.

Accompagnateurs dans l'éveil

En tant qu'auteurs et coachs en expansion de l'Être, nous nous considérons comme des accompagnateurs dans l'éveil de la conscience par opposition à des éveilleurs. Quelle est la différence ? Les éveilleurs sont ceux qui vous interpellent pour vous inciter à vous ouvrir à de nouvelles perspectives. Les accompagnateurs, quant à eux, sont ceux vers lesquels vous vous sentez attiré alors que vous êtes déjà sur le chemin de l'ouverture, de la découverte de vous-même et que vous cherchez des réponses, des outils, de la guidance. Nous sommes d'avis qu'il ne faut pas brusquer une personne qui dort – si elle n'est pas prête à se réveiller d'elle-même, laissez-la dormir ! Lorsqu'elle émergera tout naturellement, en réponse à une pulsion interne, il y aura quelqu'un pour l'accueillir et l'accompagner. Nous sommes donc de ceux qui ont fait des découvertes, qui ont expérimenté, et qui se sont donné comme mission d'enseigner, de partager et d'accompagner. Nous sommes de ces personnes vers lesquelles vous vous sentez attiré dans votre quête de guidance. C'est d'ailleurs dans cette optique que nous avons fondé l'Institut HDA – l'humain de demain aujourd'hui.

Nous n'avons pas la vérité…

Que ce soit dans le cadre de nos événements, de nos programmes, de nos produits en ligne et de nos livres, nous partageons humblement avec vous notre expérience, nos découvertes, nos observations, nos apprentissages et les « messages » que nous captons intuitivement (par canalisation). Or, nous ne possédons pas LA vérité ; nous n'avons que nos vérités. Tout comme nous, chacun d'entre vous porte sa propre vérité et certains de nos messages pourront vous interpeller dans votre vérité et vous faire vibrer, alors que d'autres n'auront pas cet effet. Et c'est parfait ainsi. Et si vous croisez une personne qui vous dit qu'elle a la recette miracle, qu'elle détient LA vérité… sauvez-vous en courant ! Vous créez votre vérité à chaque instant de votre vie : cela est la seule et unique vérité. Ainsi, lorsque vous lisez les cartes et les messages du livret, n'hésitez pas à remplacer certains des mots par ceux qui vibrent le plus pour vous.

Nous nous permettons tout de même de glisser ici que de notre point de vue holistique, bien au-delà du monde physique visible à l'œil nu, existe tout un monde vibratoire composé de fréquences à densités diverses, évoluant dans des plans et des dimensions variés. Toute matière étant d'abord énergie, l'humain ne fait pas exception. Voilà pourquoi il est défini comme un être multidimensionnel dont le champ de conscience est immense – ainsi, votre corps baigne dans et est entouré de ce champ de conscience, que nous nommons la Grandeur (d'autres l'appellent le Moi supérieur, l'Être divin, l'Essence). C'est donc votre Grandeur que vous êtes appelé à exprimer dans votre quotidien et nous souhaitons que les cartes de ce jeu puissent vous y accompagner et vous aider à vivre dans le flow de votre connexion multidimensionnelle.

LE BUT DE CE JEU DE CARTES

Ce jeu de cartes vous invite à explorer 9 thèmes d'expansion ayant le potentiel de déverrouiller votre pouvoir personnel. En vous réappropriant CONSCIEMMENT ce dernier, vous amplifierez votre connexion à votre Essence, votre lumière intérieure, votre Grandeur, celle qui éclaire votre chemin au quotidien et qui vous permet de tirer profit de chacune de vos expériences de vie… pour Aimer votre Vie plus que jamais !

Ainsi, les cartes sont présentées sous les 9 thèmes d'expansion suivants :

- Équilibre au quotidien
- Gratitude
- Histoire personnelle
- Pardon
- Plaisir !
- Reconnaissance
- S'accomplir
- S'aimer
- Vivre le flow

Ces cartes ont pour mission de vous apporter une perspective différente pour accueillir la vie de façon à vous épanouir au maximum de votre potentiel et pour vous aider à vous libérer de la personne que vous avez appris à être afin de devenir celle qui vibre en cohérence avec votre Essence, votre Grandeur.

Elles vous accompagnent par des messages simples et puissants dans l'exploration ainsi que l'ouverture, autant face à vous-même que face à vos expériences de vie.

Comment utiliser les cartes d'inspiration

Le paquet est composé de 63 cartes regroupées en 9 thèmes, à raison de 7 cartes par thème.

Énergiser les cartes

En tant que messagères, les cartes portent les vibrations des personnes qui les manipulent. Assurez-vous qu'elles vibrent de votre énergie avant chaque utilisation. Tenez le paquet de cartes entre vos mains, près de votre coeur, et imprégnez-le de votre amour et de votre énergie en le bénissant. Certains préféreront tenir le paquet d'une main et le frapper légèrement avec le poing de la main dominante afin d'y transférer leurs vibrations personnelles pour ainsi le nettoyer et le calibrer.

Avant de tirer une carte

Prenez quelques instants pour respirer profondément, puis, selon l'impulsion du moment, posez une question, visualisez une situation qui vous préoccupe et pour laquelle vous cherchez une réponse ou choisissez tout simplement une carte pour le plaisir de recevoir le cadeau du message qui vous est destiné. Voici quelques exemples de questions générales : De quoi ai-je besoin aujourd'hui?

Qu'ai-je besoin de me rappeler ? Qu'ai-je besoin de savoir ?

Interpréter la carte choisie

Chaque carte est porteuse du message que vous avez besoin de recevoir, ici et maintenant. La méthode pour tirer une carte importe peu – que vous choisissiez d'étaler les cartes à l'envers devant vous pour en choisir une ou que vous les brassiez jusqu'à ce qu'une carte tombe, celle qui se présentera à vous sera la messagère parfaite du moment.

Le texte, le symbole et l'image de votre carte forment une alliance composant un message multidimensionnel qui se déballe, tel un cadeau, et qui se dévoile selon l'interprétation que vous en faites.

Souvenez-vous de vous laisser guider par votre vérité, car chaque carte vous offre l'occasion d'observer ce que son message fait émerger en vous. Par la suite, si vous le désirez, vous pouvez vous référer à la description correspondante dans le présent guide pour obtenir une perspective complémentaire. Vous êtes invité à vous amuser avec le jeu et à prendre plaisir à tirer plus d'une carte lors d'une même consultation, selon votre inspiration du moment.

LES SYMBOLES

Vous remarquerez que chacune des cartes porte un symbole particulier. Ce dernier ajoute un important aspect multidimensionnel au message de la carte :

Soleil = Symbole de prédilection représentant l'énergie et le rayonnement. Le Soleil fait référence à la fois à la lumière intérieure et extérieure. Chaleureux et vital, il élève nos vibrations par sa simple présence. S'il apparait sur la carte pigée, permettez-vous de goûter à la joie, la douceur et la plénitude qu'il vous transmet.

Coeur = Symbole principal de l'Amour inconditionnel. Il nous rappelle l'importance d'être ouvert à soi et aux autres, car nous sommes tous interreliés. Si vous trouvez un cœur sur l'une de vos cartes, c'est l'Existence qui vous prend dans ses bras pour vous transmettre son Amour inconditionnel.

Yin et yang = Symbole par excellence de l'équilibre, de la complémentarité et de la complétude. Tout comme la lumière ne peut exister sans l'ombre, il évoque la dualité, qui est primordiale dans votre chemin de vie, car c'est ce qui permet votre évolution. Il rappelle également qu'il y a toujours un peu de lumière dans l'ombre et un peu d'ombre dans la lumière. En voyant ce symbole, vous devez vous rappeler que rien n'est absolu et que tout finit par s'équilibrer.

Unité = Symbole rappelant l'une des lois universelles : tout est UN, tout est connecté. Du simple caillou à l'oiseau dans le ciel, en passant par vous et les planètes, tout est lié. Si vous retrouvez ce symbole sur votre carte, vous pouvez prendre un moment pour vous rappeler que tout ce qui vous entoure est relié à vous d'une façon ou d'une autre.

Étoile = Symbole mythique du guide qui a permis à l'humanité de s'orienter depuis la nuit des temps. À la fois lointain, mystérieux et réconfortant, cet astre nous permet d'apprécier le ciel obscur. Cherchez l'étoile sur votre carte ; elle vous portera chance et guidance.

Arbre = Symbole de la solidité, de la force et de l'enracinement. C'est le lien à la Terre par les racines et la connexion avec le ciel par les branches. Sagesse et connaissance sont indissociables de ce symbole. L'arbre protège et donne vie. Trouvez l'arbre sur votre carte et vous vous reconnecterez à la nature en un instant, peu importe où vous êtes.

Lune = Symbole des cycles en mouvement, du changement et de l'évolution. Mystérieuse, la Lune éclaire nos nuits en reflétant la lumière du Soleil. Qu'elle soit pleine, en demi-lune ou en quartier, son influence sur la Terre et les êtres y vivant est remarquable. Si le symbole de la Lune se retrouve sur votre carte, prenez un instant pour remercier toutes ces occasions qui se présentent à vous sur votre chemin de vie.

Combinaison des symboles

Lors d'un même tirage, si plus de deux cartes contiennent le même symbole, la puissance du message en est amplifiée. Si toutes les cartes choisies possèdent le même symbole, cela signifie que vous êtes accompagné par ce dernier et qu'il sera votre guide pour les jours à venir.

Aimer
sa Vie...
plus que jamais !

DESCRIPTION DES CARTES

ÉQUILIBRE AU QUOTIDIEN

ÉQUILIBRE
AU QUOTIDIEN

Alignement et cohérence

Prenez un instant pour évaluer votre état d'alignement et de cohérence avec votre Essence afin de bien vous ancrer dans votre Grandeur.

Alignement et cohérence

Il est primordial d'harmoniser votre état intérieur avec votre Essence (votre Grandeur) afin d'assurer un meilleur équilibre au quotidien. Par exemple, lorsque vous vous sentez perdu ou bousculé par la vie (état intérieur), c'est que vous êtes « désaligné » ; vous n'êtes plus en cohérence avec vos valeurs, votre puissance personnelle, votre sagesse intérieure, votre Grandeur. Serait-il possible que vous soyez en résistance à ce qui est, ou encore que vous mettiez présentement de côté vos besoins et élans profonds ? Cette carte vous propose de revoir ici et maintenant l'état de votre alignement intérieur, de vous ancrer dans votre Grandeur, pour ensuite vous propulser en cohérence dans votre quotidien.

ÉQUILIBRE AU QUOTIDIEN

Donner et recevoir

Contribuez consciemment à la circulation d'énergie entre vous et l'ensemble de l'Existence, car donner et recevoir constitue une action universelle qui maintient l'équilibre et la chaîne de la vie.

Donner et recevoir

Le cycle de la vie est basé sur un échange constant d'énergie entre tous les êtres et les éléments qui la composent. Donner et recevoir constitue une action universelle qui maintient l'équilibre et la chaîne de la vie, en permettant à l'énergie de continuellement se transmuter. Tel le Soleil qui donne sa chaleur à la Terre, qui à son tour procure nourriture et abri aux êtres vivants, donner et recevoir facilite une propagation harmonieuse de l'énergie. Donner sans accepter de recevoir ou recevoir sans donner au suivant entraîne des blocages dans la circulation de l'énergie, donc un déséquilibre. Tout comme vous ne pouvez inspirer sans expirer, et vice versa. Votre participation est précieuse : contribuez consciemment à la circulation de l'énergie entre vous et l'ensemble de l'Existence.

ÉQUILIBRE AU QUOTIDIEN

Lâchez prise

L'équilibre vient par l'apaisement et le relâchement de la pression que vous vous imposez. Agissez de votre mieux à chaque instant de votre vie, faites votre part et laissez l'Existence faire la sienne.

Lâchez prise

Vous êtes cocréateur de votre vie, en collaboration avec l'Existence. Vous n'avez pas besoin de TOUT faire ni, surtout, de tout faire SEUL. Agissez de votre mieux à chaque instant de votre vie, faites votre part et laissez l'Existence faire la sienne. Par exemple, lorsque vous préparez un gâteau en suivant minutieusement les étapes comme indiqué dans votre recette, vous savez qu'une fois le gâteau au four, vous ne pouvez plus rien y faire. Votre rôle a été de préparer le gâteau ; le rôle du four est de le cuire. Vous profitez alors du temps de cuisson pour vous consacrer à d'autres activités. Eh bien, tout comme le four, l'Existence vous demande de lui faire confiance. Inutile de lui mettre de la pression, car elle connaît le rôle qu'elle a à jouer. Vous avez fait au mieux de vos capacités. Maintenant, laissez l'Existence vous soutenir.

ÉQUILIBRE AU QUOTIDIEN

Le grand balancier de la vie

Afin de conserver votre équilibre et votre alignement à travers les différents cycles de la vie, ancrez-vous solidement dans votre Grandeur. Et rappelez-vous, l'Existence sait exactement ce qu'elle fait.

Le grand balancier de la vie

Faites confiance, malgré les hauts et les bas. Tout comme la lumière ne peut exister sans l'ombre, le bien sans le mal et l'ennui sans la joie, les « hauts » de la vie ne peuvent exister sans ses « bas ». Cependant, rassurez-vous, car à travers ses différents cycles, l'Existence cherche toujours à se rééquilibrer, à rebalancer les choses – la vie sait ce qu'elle fait. En faisant confiance, en offrant le moins de résistance possible à ce qui est, et en laissant de la place à votre Grandeur et à l'Existence pour vous aider, vous conserverez votre équilibre et votre alignement dans le grand balancier de la vie.

ÉQUILIBRE AU QUOTIDIEN

Moment présent

C'est dans le moment présent que
tout se met en œuvre harmonieusement.
Respirez profondément et appréciez
l'équilibre qui prend place.

Moment présent

Quand vous vivez au moment présent, tout s'aligne et s'équilibre. C'est à cet endroit précis, indépendamment du temps et de l'espace, que tout prend forme. C'est dans le moment présent que votre partie vibratoire se remet en cohérence avec votre partie humaine, permettant ainsi la cocréation de votre vie et l'expression de votre plein potentiel. Vivre au moment présent, c'est appuyer sur le bouton « pause » sur votre vie pour la contempler, pour apporter les ajustements désirés et pour rééquilibrer vos vibrations. Cette carte vous rappelle que la vie est un grand enchaînement continu de moments présents.

ÉQUILIBRE AU QUOTIDIEN

Passez à l'action

Agissez en harmonie avec vos vibrations. Suivez vos élans intérieurs en demeurant à l'écoute des messages en provenance de votre Grandeur.

Passez à l'action

Chaque décision ou action, si petite soit-elle, favorise votre évolution. Cette carte vous incite à valider que vos actions et décisions prennent naissance dans vos élans intérieurs les plus purs, ceux qui tirent leur origine du cœur, et non dans de la peur, qui provient de la tête. Permettez-vous d'entendre et d'écouter cette voix intérieure qui vous guide, celle de votre Grandeur. Elle vous mène là où vous devez aller. Agissez sans crainte, en harmonie avec vos vibrations.

ÉQUILIBRE AU QUOTIDIEN

Tout est correct

Tout est un processus à travers lequel vous grandissez. Recentrez-vous en vous rappelant qu'il n'y a pas de mauvaises décisions, de fautes ni « d'erreurs ». Il n'y a que le chemin.

Tout est correct

Cette carte vous incite à vous recentrer, à vous apaiser. Sachez qu'il n'y a pas de mauvaises décisions, de fautes ni « d'erreurs ». Il y a seulement un cheminement, des expériences et un processus à travers lesquels vous grandissez. Rappelez-vous que tout a sa raison d'être. Entre le drame et l'allégresse, il y a cette zone d'équilibre, de bien-être, d'acceptation à laquelle vous pouvez accéder à tout moment. Dans cette zone, vous pourrez observer la situation telle qu'elle est, c'est-à-dire un événement neutre en soi, une occasion de grandir et de vous rapprocher de plus en plus de la version de vous pleinement déployée.

GRATITUDE

GRATITUDE

♡

Appréciez la simplicité

Allez vers ce qui est simple, optez pour
la légèreté. Simplifiez-vous la vie
en allégeant le poids que vous
portez, et choisissez plutôt
de déployer vos ailes.

Appréciez la simplicité

Une des lois fondamentales de l'Existence est celle du moindre effort. Regardez autour de vous ; tout dans la nature pousse sans forcer, bousculer ni précipiter. La nature ne se complique pas la vie. Elle est ce qu'elle est et elle fait ce qu'elle doit faire. À son image, appréciez la légèreté et simplifiez-vous la vie en allégeant le poids que vous portez, celui de vos pressions internes. Cette carte vous invite à déployer vos ailes, car vous êtes prêt à vous envoler, tout simplement et avec grâce.

GRATITUDE

Centrez votre attention

Choisissez là où vous portez
votre attention. Cherchez le beau
dans chaque événement et appréciez-le,
car en focusant sur ce qui vous fait
du bien, vous enrichissez
votre existence.

Centrez votre attention

Cette carte vous rappelle que votre énergie se dirige là où vous portez votre attention ; vous avez toujours le choix de voir différemment les éléments de votre vie. Cherchez le beau dans chaque événement et appréciez-le, car même dans une situation que vous percevez comme négative se cachent de merveilleux cadeaux. Chaque événement de votre vie est un trésor : il ne tient qu'à vous d'en découvrir toute la richesse, si tel est votre choix.

GRATITUDE

Ouvrez votre cœur

Accueillez sans crainte ce que l'Existence vous offre. Soyez curieux, intrépide et enjoué envers la vie... en ouvrant votre cœur, vous accéderez à des forces insoupçonnées.

Ouvrez votre cœur

Il peut sembler normal de ressentir de la peur ou de vivre des inquiétudes et de l'insécurité à la suite d'événements non désirés. Toutefois, si la peur se loge dans votre tête, l'amour, quant à lui, réside dans votre cœur. En choisissant d'ouvrir ce dernier, vous vous offrez une nouvelle perspective sur la situation concernée. L'Existence vous invite à explorer en toute confiance ce qu'elle vous offre. Soyez curieux, intrépide et enjoué envers la vie ! Cette carte vous rappelle que vous êtes plus fort que vous ne le pensez : en ouvrant votre cœur, vous accédez à des forces insoupçonnées.

GRATITUDE

Remerciez

Ici et maintenant, prenez le temps de dire merci à ce qui est, ce qui a été et ce qui sera. Ce faisant, vous élevez vos vibrations et reprenez contact avec les plus hautes énergies de l'Existence.

Remerciez

La gratitude est un puissant outil. Elle vous permet de vous mettre en phase avec la vie elle-même, de vous ouvrir, d'élever vos vibrations et de reprendre contact avec les plus hautes énergies de l'Existence. Remercier, c'est offrir son plus grand respect à la vie. C'est reconnaître que chaque chose a sa place et son importance. En remerciant pour tout ce qui est, vous laissez à l'Existence le soin de vous prodiguer ses plus belles grâces. Ici et maintenant, cette carte vous invite à prendre un moment pour remercier, tout simplement.

GRATITUDE

Reprenez votre pouvoir

Par chacune de vos décisions et chacun de vos choix, vous pavez le chemin de votre vie. Soyez conscient et reconnaissant de ce pouvoir qui est le vôtre.

Reprenez votre pouvoir

Vous êtes là où vous êtes par vos décisions passées. Il n'est pas question ici de vous juger, mais simplement de prendre conscience que votre vie est entre vos mains et d'en être reconnaissant. Cette carte vous rappelle que vos choix présents créent votre futur, tout comme vos choix passés ont façonné votre vie jusqu'à maintenant. Vous êtes maître de votre destinée, en cocréation avec votre Grandeur et sous l'œil vigilant de l'Existence. Prenez votre vie en main – vous en avez le pouvoir !

GRATITUDE

Soyez fier de vous

Soyez fier du chemin parcouru jusqu'à présent. Soyez fier de ce que vous êtes devenu et de tout ce à quoi vous avez contribué, car l'Existence est fière de vous.

Soyez fier de vous

Félicitez-vous, car vous êtes magnifique ! Soyez fier de tout ce que vous avez accompli jusqu'à présent. Les apprentissages à la suite de vos expériences vous ont permis de vous rapprocher de plus en plus de votre Être authentique, votre Grandeur. Votre route a été parsemée parfois d'embûches, parfois de raccourcis ; malgré tout, vous avez persévéré, vous avez déployé des ressources insoupçonnées, qui vous étaient peut-être même jusque-là inconnues. Sans regret ni remords, soyez fier de ce que vous êtes devenu et de tout ce à quoi vous avez contribué, consciemment ou inconsciemment.

GRATITUDE

Vivez consciemment

Soyez présent à vous, aux expériences de votre vie, aux synchronicités offertes par l'Existence. En vivant consciemment, vous établirez une meilleure connexion avec votre Grandeur.

Vivez consciemment

La gratitude vous amène à vivre consciemment, c'est-à-dire à être présent, ici et maintenant. C'est le plus beau cadeau que vous puissiez offrir à votre vie. Être totalement présent à chaque instant, c'est ressentir chaque souffle, entendre chaque murmure et percevoir chaque rayon de la lumière qui vous entoure. En vivant consciemment du mieux que vous le pouvez, vous établirez une meilleure connexion avec votre Grandeur de même qu'avec l'Existence et les synchronicités qu'elle met sur votre chemin.

HISTOIRE PERSONNELLE

HISTOIRE PERSONNELLE

Acceptez votre histoire personnelle

Ce qui est fait est fait, vous n'avez peut-être pas de pouvoir sur les événements vécus, mais vous avez tout le pouvoir sur la façon dont vous vous racontez et dont vous faites revivre cette histoire.

Acceptez votre histoire personnelle

Les scénarios, récits et monologues intérieurs que vous entretenez à propos des situations, contextes et événements de votre vie ont de grandes répercussions sur vos états d'être, sur votre corps, sur vos perceptions et sur la façon dont vous évoluez dans le monde. Cette carte vous invite à revisiter la façon dont vous vous racontez votre histoire personnelle. Est-ce que votre récit est centré sur les beaux moments, les grands accomplissements et les réussites? Ou est-ce que le narratif est plutôt basé sur les échecs, les douleurs et les mauvaises expériences? Sachez que votre expérimentation du moment présent découle grandement de l'histoire que vous racontez. Acceptez votre histoire personnelle pour ce qu'elle est : une histoire. Sachant ceci, la grande question est : comment voulez-vous la raconter, maintenant? Que désirez-vous créer à partir de maintenant?

HISTOIRE PERSONNELLE

Détachement

Respirez profondément et permettez-vous de vous détacher des émotions générées par les circonstances et la situation qui vous préoccupent. Rappelez-vous que les émotions sont porteuses de messages.

Détachement

Il se pourrait qu'une expérience de votre vie génère en vous une émotion que vous jugez lourde ou désagréable (par exemple la tristesse, la colère, la honte, la culpabilité). Afin de vous en détacher et de ne pas vous laisser envahir par cette dernière, prenez le temps de la laisser s'exprimer et respirez profondément : reconnaissez-la, accueillez-la et ne la jugez pas, car cette émotion est là pour vous livrer un message. En effet, ce dernier utilise l'émotion pour attirer votre attention. Le détachement vous permettra de mieux cerner la teneur du message qui vous est adressé. Abordez le tout avec douceur et bienveillance; par la suite vous serez en meilleure position pour déterminer comment utiliser l'information reçue afin d'enrichir votre existence.

HISTOIRE PERSONNELLE

Respectez le rythme de votre vie

Votre histoire de vie
se dévoile à la vitesse à laquelle
elle doit se dérouler et à la façon dont
elle doit se dérouler. Faites confiance
au processus... tout va bien.

Respectez le rythme de votre vie

Tout comme les saisons, la vie répond à des cycles et à un rythme qui lui sont propres. Vous évoluez au fur et à mesure que vous avancez sur votre chemin, au gré des expériences. Il est normal de parfois sentir une accélération ou un ralentissement. Ce tempo est naturel et universel. Faites confiance à ce qui se dévoile devant vous. Acceptez d'aller au gré de la musique, car tout arrive selon ce qui est le mieux pour vous. Cette carte tient à vous rassurer – tout se passe comme il se doit.

HISTOIRE PERSONNELLE

Tout est parfait

Même si vous n'en comprenez pas la signification ici et maintenant, tout a sa raison d'être. Chaque événement, situation et rencontre a son importance dans votre chemin de vie.

Tout est parfait

Oubliez les schémas perçus comme « positifs » et « négatifs ». Ce ne sont que des jugements de valeur que vous avez intégrés selon vos croyances présentes. Chaque expérience de votre vie s'imbrique harmonieusement les unes dans les autres, créant ainsi la symphonie de votre vie. Cette carte vous incite à revoir les événements que vous trouvez négatifs et dont vous pensez que vous auriez pu vous passer comme étant parfaits et merveilleusement utiles à votre évolution personnelle. Même si vous n'en comprenez pas la signification ici et maintenant, éventuellement, tout prendra sens.

HISTOIRE PERSONNELLE

Tout est une expérience

Tout est neutre en soi :
vous le teintez de votre état d'esprit,
de votre point de vue, selon
ce que vous vivez et selon
les circonstances.

Tout est une expérience

Tout événement, toute rencontre et toute circonstance s'inscrivent dans le processus de votre propre évolution. La façon dont vous y réagissez ne dépend que de votre perception de la situation. Tout est neutre à la base. Vous teintez ces événements par vos émotions et par votre état d'esprit actuel. Rappelez-vous qu'un événement n'est qu'un événement ; la façon dont vous l'utiliserez sur votre chemin de vie ne relève que de vous.

HISTOIRE PERSONNELLE

Votre existence est précieuse

Votre participation dans la grande orchestration de la vie est immensément importante. L'Existence aimerait prendre un instant pour vous remercier de votre contribution.

Votre existence est précieuse

Chaque événement de votre vie contribue à quelque chose de plus grand que ce que vous pouvez percevoir – oui, même ce que vous considérez comme « petit » ou « insignifiant » a son importance. Le simple fait d'être VOUS est déjà énorme. Cette carte vous invite à regarder les scènes de votre histoire personnelle à la troisième personne, comme si vous étiez observateur du film de votre vie. Ainsi, vous comprendrez ce qu'est de voir à travers les yeux de l'Existence, sans jugement et d'un Amour inconditionnel. De cette perspective, posez la main sur votre cœur et recevez l'amour et la gratitude que l'Existence a à votre égard. Merci d'être là et d'être vous.

HISTOIRE PERSONNELLE

Votre raison d'être

Votre raison d'être sur la Terre est de reprendre contact avec votre Essence, votre Grandeur, et de l'exprimer en toute authenticité et cohérence à chaque instant.

Votre raison d'être

Vous êtes dans ce monde pour exprimer votre Grandeur, faire briller votre lumière sans limite ni complexes. Bien que chacun possède ses facultés propres, ait ses contributions à apporter, ses expériences à réaliser, nous avons tous à la base la même raison d'être : celle d'expérimenter la vie en tant qu'être multidimensionnel. Si vous avez tiré cette carte, c'est que le moment est propice pour reprendre contact avec votre Essence, votre Grandeur. Elle vous souffle à l'oreille qu'elle est prête à dévoiler une autre facette de vous-même. Fermez les yeux, ouvrez votre cœur et accueillez.

PARDON

PARDON

À chacun son rôle

Chaque individu que vous rencontrez a son rôle à jouer dans votre évolution, tout comme vous jouez un rôle dans la leur. Comprendre cette perspective vous amènera à ressentir plus de compassion pour les autres ainsi que pour vous-même.

À chacun son rôle

Sachez que toute personne agit en tant que « déclencheur » dans votre vie. Par exemple, certaines d'entre elles peuvent vous sembler avoir le don de vous « piquer » à la bonne place. Pourtant, ce faisant, elles vous permettent d'accéder à vos croyances limitantes. Votre rôle devient alors de vous occuper de ce qui émerge en vous. Ainsi, cette carte vous invite à reconnaître que chacun joue son rôle comme convenu. Cette perspective vous amènera à ressentir plus de compassion pour les autres ainsi que pour vous-même. De fait, vous comprendrez que tout être participe à votre évolution en donnant le meilleur de lui-même, tout comme vous contribuez à la sienne en donnant le meilleur de vous-même.

PARDON

Avancez librement

Les événements du passé
ne vous définissent plus. Il est
maintenant temps d'avancer en
cohérence avec votre Grandeur,
sur les traces de la version de
vous pleinement déployée.

Avancez librement

Imaginez un instant que vous êtes totalement libre – vous pouvez être qui vous voulez et où vous voulez. Que choisissez-vous ? Vos expériences de vie ont contribué à façonner qui vous êtes présentement. En laissant au passé ce qui lui appartient, ces événements ne vous définissent plus et vous reprenez votre liberté. Vous êtes alors prêt à avancer librement, sans entrave, en cohérence avec votre Grandeur, sur les traces de la version de vous pleinement déployée.

PARDON

Le conditionnement

Vous êtes la résultante
de ce que vous avez appris à être.
Et si vous choisissiez plutôt de
montrer vos vraies couleurs ?

Le conditionnement

Depuis votre naissance, vous êtes devenu ce que vous avez appris à être, en suivant les modèles qui étaient à votre disposition, répétant inconsciemment des cycles de conditionnement qu'eux-mêmes ont intégré dans leur vie. Votre vécu et votre environnement vous ont inculqué des croyances et des valeurs qui, possiblement, ne résonnent pas en cohérence avec votre Essence, votre Grandeur, pouvant même parfois nuire à votre évolution. Certaines de ces programmations ont pu aussi vous être très utiles et le sont encore aujourd'hui. Devant ce fait, vous êtes invité à ouvrir votre cœur, à laisser l'apaisement prendre place, puis à ressentir douceur et compassion envers vous et tous ceux et celles qui ont joué un rôle dans l'intégration de ces conditionnements. Il est temps d'afficher vos vraies couleurs !

PARDON

Libération

Vous êtes porteur de la clé
de votre propre liberté. Délestez-vous
du bagage que vous traînez depuis si
longtemps et faites-vous le cadeau
de la libération.

Libération

Le pardon permet de vous libérer et de libérer l'autre. Cette carte vous invite à redonner à l'autre ce qui lui appartient et à reprendre ce qui vous revient. Pourquoi choisir de porter les résidus d'une situation qui vous a marqué ? En acceptant de vous délester du bagage que vous traînez depuis si longtemps, vous vous faites le cadeau de la libération. Cessez de ruminer ! Affirmez : « Ça ne m'est plus utile, je n'en ai plus besoin. J'accepte de m'en libérer. »

PARDON

Nettoyage énergétique

Le pardon nettoie vos champs vibratoires des résidus du passé. En pardonnant, vous permettez à vos énergies présentes de se libérer de ce qui n'est plus pour laisser place à du nouveau.

Nettoyage énergétique

L'Existence répond à l'énergie que vous lui envoyez. Si vous vibrez constamment à la fréquence des énergies rattachées à la situation du passé, vous attirez des événements similaires dans votre présent. Vous ne faites alors que reproduire constamment la même chose. En pardonnant, vous permettez à vos énergies présentes de se libérer de ce qui n'est plus pour laisser place à du nouveau. Tout comme le menuisier a besoin des meilleurs outils et matériaux pour bâtir les plus belles maisons, l'Existence requiert de magnifiques vibrations de votre part pour cocréer avec vous l'avenir tant désiré.

PARDON

Prenez de la perspective

Prendre de la perspective facilite le pardon. Permettez-vous de prendre du recul pour mieux voir l'ensemble de la situation, avec le plus de neutralité possible.

Prenez de la perspective

Il n'est pas toujours simple de pardonner. Toutefois, sachez que le pardon ne donne pas raison à l'autre et n'efface pas l'événement en soi. Il vous permet plutôt de vous détacher et de vous libérer. Pour faciliter ce processus, il importe de prendre de la perspective. Ce faisant, vous vous dissociez de l'emprise de l'événement passé et vous revenez dans le présent. Cette carte vous invite à prendre du recul pour mieux voir l'ensemble de la situation, avec le plus de neutralité possible. Accordez-vous cette pause bénéfique qui est une étape nécessaire dans le processus du pardon.

PARDON

Renouveau

À chaque instant de votre vie,
vous avez le pouvoir de vous recréer.
En choisissant le pardon, vous vous
permettez d'évoluer vers la version
de vous pleinement déployée.

Renouveau

À chaque instant de votre vie, par vos décisions et vos réactions vis-à-vis des situations, vous produisez une nouvelle version de vous. Vous n'êtes pas figé dans cette seule et unique image de votre personne. Utilisez le pouvoir du pardon pour modifier à votre guise ce que vous désirez changer en vous-même tout comme à l'extérieur de vous, et ce, afin d'atteindre votre plein potentiel. Le pardon vous permet d'évoluer vers la version de vous pleinement déployée.

PLAISIR !

PLAISIR!

Célébrez chaque instant
de votre existence

Prenez plaisir à honorer et à
célébrer chaque pas que vous faites.
Ce faisant, appréciez toute l'abondance
qui est à portée de main, à votre
disposition, chaque jour.

Célébrez chaque instant de votre existence

Mettez de la couleur et de la folie à profusion dans votre vie. Transformez chaque jour en célébration ! Du seul fait d'être sur cette Terre, vous avez gagné à la loterie de la vie. Appréciez toute cette abondance à portée de main, à votre disposition, qui est là pour vous. Nul besoin d'attendre votre anniversaire pour célébrer : tout événement est une occasion de fêter. Seul ou entre amis, prenez plaisir à être, tout simplement. Chaque jour, donnez-vous pour mission de vous ancrer dans le bonheur.

PLAISIR!

Chérissez votre vie

Rien ne peut égaler la richesse de votre vie. Prenez un instant pour savourer chaque période de votre existence, tant celles qui ont mené à l'être que vous êtes maintenant que celles qui se dévoilent présentement devant vous.

Chérissez votre vie

Donnez une valeur inestimable à votre existence. Aucun or, aucun diamant ni aucun rubis dans tout l'univers ne peuvent égaler la valeur et la richesse de votre vie. Prenez un instant pour savourer chaque période de votre existence, tant celles qui ont mené à l'être que vous êtes maintenant que celles qui se dévoilent présentement devant vous. Soyez reconnaissant pour toute la synchronicité d'événements qui s'inscrivent parfaitement dans l'histoire de votre vie. Pensez aux multiples rencontres, aux activités et aux découvertes que vous avez faites. Projetez-vous dans l'avenir pour imaginer ce que pourraient être les prochaines. Cette carte vous rappelle que votre existence est un trésor inestimable. Chérissez-le avec bonheur et plaisir !

PLAISIR!

Dansez!

Valsez avec grâce au rythme
de l'Existence. Permettez-vous de
réintégrer dans votre vie la fluidité,
la souplesse et l'agilité, autant dans
vos pensées et vos actions que
dans votre ressenti.

Dansez !

Si vous tendez l'oreille, vous entendrez la mélodie de l'Existence. Cette énergie vous invite à danser avec elle. Elle se présente sous différentes formes par l'intermédiaire des événements de votre vie, tant ceux que vous percevez comme « positifs » que ceux que vous considérez comme « négatifs ». Lorsque vous résistez ou lorsque vous laissez l'émotion ou l'événement prendre le dessus, vous vous faites du tort. Toutefois, lorsque vous suivez le rythme, telle une danse, en harmonie avec tout ce qui est, vous ne pouvez ressentir que du bien-être. Cette carte vous invite à réintégrer dans votre vie la fluidité, la souplesse et l'agilité, autant dans vos pensées et vos actions que dans votre ressenti.

PLAISIR!

Dédramatisez

Ne vous prenez pas au sérieux
et ne prenez pas la vie au sérieux.
Retrouvez le plaisir dans chacune
de vos expériences de vie et
chacune de vos actions.

Dédramatisez

Il est inutile de dramatiser davantage votre vie et ses événements. Cela ne donne rien de plus à la situation ni à votre évolution. Toute circonstance est porteuse de transformation en soi. Cette carte vous invite à retrouver le plaisir dans chacune de vos expériences de vie et chacune de vos actions. S'il pleut, récoltez l'eau pour vous abreuver, pour vous nettoyer et pour arroser vos plantes. Si vous trébuchez, profitez-en pour vous rouler par terre, pour sentir les fleurs et pour prendre une pause au soleil. Rappelez-vous de voir le bon côté de chaque chose. Amusez-vous avant tout!

PLAISIR !

Jouez !

Partez à la découverte du jeu de la vie. Abordez vos expériences quotidiennes avec enthousiasme, plaisir et joie, avec la certitude et la confiance que vous pouvez tout accomplir.

Jouez !

La vie est un jeu dans lequel vous êtes à la fois l'acteur, le producteur et le réalisateur. Soyez curieux de toutes les possibilités que l'Existence vous offre. Retrouvez l'enfant en vous et permettez-lui de s'amuser, de partir à la découverte de cette grande aventure qu'est la vie. Jumelez la sagesse et l'expérience de l'adulte avec l'innocence et la capacité d'émerveillement de l'enfant. Osez être naïf par moments afin de mettre de la fraîcheur dans votre quotidien. Cette carte vous invite à jouer, à vous divertir, à élargir votre « zone de confort », avec la certitude et la confiance que vous pouvez tout accomplir.

PLAISIR!

Riez!

Accueillez tout ce qui est avec
un sourire et avec humour, ainsi vous
élevez vos vibrations et vous faites de
la place à l'expression de
votre Grandeur.

Riez !

Cette carte vous invite à vous payer une bonne séance de rigolade, aujourd'hui. Le rire et l'humour sont les meilleurs thérapeutes, apportant de grands bénéfices autant à votre corps qu'à votre esprit et à votre âme. En effet, rire à en perdre le souffle régénère votre oxygène et alimente votre système complet d'air frais et nouveau. Vos cellules tout entières vibrent alors de bonheur, vous élevez vos vibrations et vous faites de la place à l'expression de votre Grandeur. Adopter l'humour au quotidien c'est vous permettre de voir la vie sous son plus beau jour.

PLAISIR!

Simple, facile, fluide et agréable

Choisissez la simplicité, la facilité, la fluidité et le plaisir. Allez vers ce qui vous excite, ce qui vous procure de la joie. L'Existence s'occupe du reste.

Simple, facile, fluide et agréable

Pouvez-vous concevoir que tout soit simple, facile, fluide et agréable ? Si vous répondez non, vous êtes invité à revoir vos croyances, car cette carte confirme que OUI – TOUT peut être simple, facile, fluide et agréable. Vous n'avez qu'à en faire le choix. Allez vers ce qui vous rend le plus heureux, ce qui vous fait plaisir, à tout instant, dans chaque situation. Rappelez-vous que l'Existence fonctionne selon le principe de la Loi du moindre effort et que cette dernière se propulse par la simplicité, la facilité, la fluidité et le plaisir. Grâce au principe de cocréation, vous n'avez qu'à mettre votre barque dans le courant de la vie. Ensuite, détendez-vous et profitez du moment ! L'Existence s'occupe du reste. Adoptez ce mantra : simple, facile, fluide et agréable.

RECONNAISSANCE

RECONNAISSANCE

Incarnez-vous totalement

Reconnaissez que vous êtes un être à la fois physique et vibratoire, un être multidimensionnel. En assumant votre multidimensionnalité, vous permettez à la vibration de votre Grandeur de prendre place dans votre quotidien.

Incarnez-vous totalement

Vous êtes en ce moment exactement là où vous devez être, dans cette vie, sur cette planète. Pourtant, certains pourraient avoir de la difficulté à accepter pleinement leur incarnation présente et être tentés de fuir ou de nier leur contexte de vie actuel. En assumant votre multidimensionnalité (c'est-à-dire en harmonisant votre dimension vibratoire à votre dimension physique), vous permettez à la vibration de votre Essence, de votre Grandeur, de prendre place dans votre quotidien. Symbole mythique à mi-chemin entre le mystérieux et le terrestre, la licorne présentée sur cette carte vous invite à accepter, reconnaître et à vous amuser avec toutes les facettes qui composent votre Être global.

RECONNAISSANCE

Jamais seul

Vous êtes toujours accompagné à chaque instant de votre vie, à chaque pas sur votre route, tant dans le visible que dans l'invisible. Il est primordial de reconnaître l'apport de chacun dans l'expansion et la manifestation de votre vie.

Jamais seul

Vous êtes toujours accompagné à chaque instant de votre vie, à chaque pas sur votre route, tant dans le visible que dans l'invisible. Le visible étant vos amis, votre famille, vos collègues et même les étrangers que vous croisez dans la rue, qui sont parfois porteurs de messages. L'invisible (ce que vous ne pouvez percevoir par vos 5 sens traditionnels mais que vous êtes en mesure de capter avec vos facultés de perception extrasensorielles) comporte votre Essence, les guides, les anges, les élémentaux, les consciences interstellaires et bien d'autres encore. Il importe de reconnaître l'apport de chacun dans votre expansion. Cette carte vous rappelle que toute cette énergie en puissance qui vous entoure est là pour vous.

RECONNAISSANCE

Se re-connaître

Refaites connaissance avec vous-même, dans tous vos aspects et toutes vos dimensions. Permettez-vous de remettre en question ce que vous avez appris à être pour plutôt favoriser l'expression de votre Essence propre.

Se re-connaître

La personne avec laquelle vous passerez toute votre vie n'est nulle autre que vous-même. Trop souvent, on ne connaît même pas cette personne ou on la connaît très peu. Se re-connaître, c'est refaire connaissance avec soi. C'est aussi se « reconnaître » dans le sens de se respecter, de respecter sa légitimité, de se faire confiance, de s'accepter et, surtout, de s'affirmer. Cette carte vous lance cette invitation : allez à la rencontre de vous-même et osez vous exprimer dans toute votre beauté.

RECONNAISSANCE

Soyez authentique

Être authentique, c'est laisser
sa lumière prendre sa juste place,
c'est être en cohérence avec sa Grandeur,
et inspirer les autres à en
faire autant.

Soyez authentique

Lorsque vous êtes authentique, que vous êtes aligné et en cohérence avec votre lumière, vous êtes en connexion directe avec votre Grandeur. Il se pourrait que lorsque vous adhérez totalement à votre vérité, certaines personnes autour de vous s'éloignent et d'autres se rapprochent. N'ayez crainte : ce cheminement est primordial à votre processus de reconnaissance de soi. Qui dit reconnaissance dit reconnexion, et aussi reconnaître ce qui nous représente ou non. En laissant tomber les masques qui sont les visages de ce que vous n'êtes pas (de ce qui ne vous correspond pas), vous permettez aux autres d'être, à leur tour, qui ils sont, en abandonnant eux-mêmes le personnage pour embrasser leur propre vérité, leur propre lumière.

RECONNAISSANCE

Toujours à la bonne place

Chaque événement et chaque expérience permettent votre éclosion, vous procurant tous les éléments nécessaires afin d'accomplir la suite de votre parcours. Vous êtes toujours là où vous devez être.

Toujours à la bonne place

Chaque élément qui compose votre vie vous offre l'occasion d'éclore, telle une fleur au printemps qui puise dans le sol les nutriments dont elle a besoin pour croître. Cependant, chaque plante a choisi son environnement pour se développer à sa juste valeur : un cactus ne poussera pas nécessairement au même endroit qu'une fougère. Votre environnement et vos expériences de vie sont les nutriments essentiels à votre évolution. Allez chercher le maximum de connaissances et de compétences là où vous êtes actuellement, car cela pourrait vous servir dans votre prochaine étape. Cette carte vous rappelle que vous êtes toujours au bon endroit, ce dernier vous procurant tous les éléments nécessaires afin d'accomplir la suite de votre parcours.

RECONNAISSANCE

Trouvez votre tribu

Entourez-vous de gens qui
parlent le même langage que vous.
Ce faisant, vous accélérez votre processus
de déploiement et vous vous solidifiez
mutuellement dans votre vibration.

Trouvez votre tribu

Être reconnu, entendu et vu tel que vous êtes est exaltant. Lorsque vous côtoyez des gens qui vibrent à la même fréquence que vous, vous rayonnez de bonheur. Ces êtres partageant des intérêts communs, des perceptions semblables et des valeurs identiques aux vôtres font partie de votre tribu. Ainsi entouré de personnes qui parlent le même langage que vous, vous solidifiez votre vibration et vous vous nourrissez mutuellement dans votre processus de déploiement. Comment les retrouver ? En émettant votre pure vibration, celle de votre Grandeur. Rien n'est plus palpitant que de découvrir sa famille universelle, peu importe où elle se trouve sur la planète.

RECONNAISSANCE

Voyez au-delà

Prenez conscience du monde vibratoire qui vous compose et qui vous entoure. Voir au-delà de l'être physique, au-delà des apparences et reconnaître la partie vibratoire en tout donne une tout autre perspective à votre vie.

Voyez au-delà

Lorsque vous acceptez de connecter à votre champ énergétique et à votre champ de conscience, vous constatez rapidement que vous êtes plus qu'un être physique de chair. Par le fait même, vous reconnaissez que cela est vrai pour tous les autres humains, tous les habitants de cette planète et tout ce qui la constitue. Voir au-delà de la personne, au-delà des apparences, c'est reconnaître la partie vibratoire en l'autre, au-delà des préjugés, des valeurs et des programmations. Reconnaître la vie humaine et l'Existence telles qu'elles sont est d'une richesse incomparable, donnant une tout autre perspective à votre vie. C'est l'un des plus beaux cadeaux que vous puissiez vous faire et faire au monde.

S'ACCOMPLIR

S'ACCOMPLIR

Épanouissement

S'épanouir, c'est à la fois accepter de s'ouvrir totalement et d'embrasser la vie. Donnez-vous la permission de vous ouvrir avec confiance afin de vous épanouir plus que jamais.

Épanouissement

Vous êtes un Être de lumière et d'énergie. À l'intérieur de votre abdomen, au niveau de votre plexus solaire, se trouve un soleil brillant de mille feux. Il représente tout le pouvoir qui sommeille en vous. Connectez-vous à lui et laissez-le briller à son plein potentiel, pour votre plus grand bien-être et celui de votre entourage. Prenez exemple sur la fleur qui s'ouvre totalement à la fois pour profiter de la lumière et de la pluie, pour contribuer à son environnement et pour faire profiter tout un chacun de sa beauté et de son parfum. Cette carte vous invite à vous donner la permission de vous ouvrir en toute sécurité, à votre rythme, afin de vous épanouir plus que jamais.

S'ACCOMPLIR

♡

Exprimez votre Grandeur

Vous êtes ici pour exprimer votre
Grandeur afin de contribuer
à votre propre évolution,
à celle des autres ainsi
qu'à celle de la Terre.

Exprimez votre Grandeur

Dans votre processus d'accomplissement et d'épanouissement, vous participez à cette magnifique symphonie qu'est celle de l'évolution de l'Existence en y apportant vos couleurs, votre saveur, votre musique. Cette carte vous rappelle que, dans ce processus de cocréation, vous prenez part à l'évolution des autres et, réciproquement, ils participent à la vôtre. Votre Grandeur, votre Essence, vibre de bonheur quand vous lui permettez de s'exprimer pleinement à travers vous.

S'ACCOMPLIR

Harmonisation

Autorisez l'unification de votre
être physique et de votre Grandeur.
Celle-ci ne demande qu'à participer
activement à votre cheminement de vie.

Harmonisation

Votre Grandeur, votre Essence, ne demande qu'à participer activement à votre cheminement de vie. En nettoyant les couches qui créent cette illusion de séparation, soit en libérant les croyances, programmations et peurs qui vous nuisent et qui vous limitent, vous permettez l'unification de votre Être global. Ce faisant, vous élevez vos vibrations et attirez à vous ce qui vibre en cohérence avec votre Essence, amplifiant ainsi le processus d'harmonisation. Cette carte divine vous invite à briller, tout simplement.

S'ACCOMPLIR

Le voyage

Le plus beau voyage de votre vie
se passe de votre tête à votre cœur.
Afin de manifester votre version
pleinement déployée, permettez-vous
d'abord d'habiter l'espace
de votre cœur.

Le voyage

Le plus merveilleux et complexe périple que vous aurez à effectuer mesure 45 centimètres – soit la distance moyenne entre votre cerveau et votre cœur – pour passer d'un être principalement cérébral à un être entièrement d'amour. Afin de découvrir cet être pleinement déployé, vous devez d'abord habiter l'espace du cœur et lui permettre de vibrer à la fréquence de votre Essence. Cela entraînera une plus grande fluidité et permettra une meilleure symbiose entre la tête et le cœur. Nul ne prétend que le chemin sera facile ; cependant, sachez qu'il en vaut pleinement le déplacement. Le temps que vous mettrez à accomplir ce voyage est unique à chacun.

S'ACCOMPLIR

Quête de sens

Cessez de chercher ; laissez-vous guider par votre Grandeur et savourez vos expériences de vie. Faites-lui confiance car elle vous ouvre à des perspectives et à des possibilités qui vous sont encore inconnues.

Quête de sens

Lorsque vous lâchez prise sur la personne que vous croyez devoir être et sur ce que vous croyez devoir accomplir, vous permettez à votre Essence, votre Grandeur, de prendre plus de place et de vous guider. Laissez aller la résistance et cessez de chercher, pour enfin vous laisser accompagner. Faites confiance, plus vous accordez de la place à votre Grandeur par vos intuitions et vos ressentis, plus vous découvrirez qu'elle vous ouvre à des perspectives et à des possibilités qui vous sont encore inconnues. Savourez le chemin et vous verrez votre vie se simplifier et prendre encore plus de sens.

S'ACCOMPLIR

Ressources et talents

Depuis votre naissance,
vous portez tous les outils,
talents, facultés, capacités et
ressources qui vous permettent
de vous déployer pleinement.
Prenez plaisir à les découvrir.

Ressources et talents

Tout comme la graine contient déjà l'arbre, vous portez depuis toujours toutes les capacités et les prédispositions pour vous déployer dans votre entièreté. Depuis longtemps, sans même le savoir, vous en utilisez déjà plusieurs. Il est aussi possible que vous ayez oublié l'existence de certaines d'entre elles. Chacune de vos passions recèle l'essence de vos capacités et talents par lesquels vous exprimez votre lumière intérieure, votre Grandeur. Prenez plaisir à découvrir, à laisser émerger et à faire briller ces trésors qui dorment en vous.

S'ACCOMPLIR

Zone de confort

Expérimentez et osez aller
à la rencontre de votre potentiel,
au-delà de vos peurs et limites.
Permettez à votre zone de confort
de prendre de l'expansion.

Zone de confort

La vie évolue constamment, vous offrant différentes occasions d'expérimenter de nouvelles avenues. Cependant, pour ce faire, vous devez accepter de laisser votre zone de confort prendre de l'expansion. Ce faisant, vous découvrirez certaines de vos facultés cachées et de vos ressources insoupçonnées. Il est possible que cela implique de revoir quelques-unes de vos croyances limitatives. En mettant de la lumière sur ces dernières, vous constaterez que la peur qui était présente au début n'était qu'illusion.

S'AIMER

S'AIMER

Amour Universel

Choisissez l'Amour inconditionnel,
celui qui unifie, qui est sans
jugement, qui vibre
le respect et la bienveillance.

Amour universel

Source inépuisable d'énergie, l'Amour inconditionnel est sans jugement et dénué de peurs. Vous êtes invité à vous installer dans ce lieu de hautes vibrations où réside votre Essence. Vous constaterez à quel point l'Amour inconditionnel est différent de l'amour possessif que l'on peut vivre au quotidien. L'amour possessif a besoin de s'accrocher et vit dans la peur : la peur d'être seul, rejeté ou de ne pas être aimé. Le message de cette carte vous rappelle que l'Amour inconditionnel ne demande rien en retour. Il offre sans compter. Ouvrez votre cœur et abreuvez-vous à cette source infinie.

S'AIMER

Amplifiez votre fréquence vibratoire

Le temps des demi-mesures est terminé. Dites oui à la vie et aux hautes fréquences ! Quand vous vous maintenez dans des vibrations élevées, vos expériences de vie se transforment pour le mieux.

Amplifiez votre fréquence vibratoire

Votre vibration est non-négociable – soit vous choisissez d'entretenir des fréquences plus basses (comme la colère, la tristesse, le désarroi, l'impuissance) OU vous habitez pleinement des fréquences plus élevées (comme l'amour, la gratitude, la joie, le plaisir). Le temps des demi-mesures est terminé. Dites oui à la vie et aux hautes fréquences ! Quand vous vous maintenez dans des vibrations élevées, vos expériences de vie se transforment : les perspectives s'ouvrent, les synchronicités s'enchaînent, attirant des personnes et des situations dont les énergies sont plus élevées. Pour vous aider, choisissez des activités et des lieux qui favoriseront votre épanouissement et votre expansion. Cette carte vous invite à vibrer à votre plein potentiel au quotidien et à en faire un aspect non-négociable.

S'AIMER

Compassion

Dans chaque situation de votre vie, vous agissez toujours pour le mieux, en fonction du contexte et de votre état d'être ainsi que de votre état de conscience du moment. Agissez envers vous-même avec tendresse et compassion.

Compassion

Dans le rythme effréné du quotidien, nous avons tendance à oublier de nous traiter avec considération, compassion et douceur. Nous exigeons tellement de nous ! Nous avons des standards élevés et parfois même hors de portée. Cette carte vous rappelle d'être votre meilleur allié. Dans chaque situation de votre vie, vous agissez toujours pour le mieux, en fonction du contexte et de votre état d'être ainsi que de votre état de conscience du moment. Ne soyez pas dur envers vous-même. Respectez-vous et choisissez plutôt la compassion.

S'AIMER

♡

La solitude

S'aimer, c'est passer
du temps de qualité avec soi.
Offrez-vous le luxe d'être seul
avec vous-même.

La solitude

S'aimer, c'est passer du temps de qualité avec soi. Allouez-vous un moment seul avec vous-même afin de renouer avec l'être merveilleux que vous êtes. La solitude n'est pas cette zone triste et vide telle qu'elle est véhiculée dans certaines croyances. Au contraire, elle est riche en messages et occasions de reprendre contact avec soi et de faire le point, dans la douceur et l'amour. Cette carte vous rappelle l'importance de vous ressourcer en vous donnant priorité, dans un lieu qui reflète votre propre vibration, un endroit où vous vous sentez chez vous.

S'AIMER

Le jeu du miroir

Offrez-vous le cadeau de vous regarder dans les yeux et de vous dire : « Je t'aime ». Ce grand geste d'amour envers soi est immensément puissant. Et ne soyez pas surpris si l'Existence vous reflète son Amour en retour.

Le jeu du miroir

Le jeu du miroir est un outil puissant pour reprendre contact avec votre monde intérieur. Apprivoisez votre reflet, osez vous regarder dans les yeux et vous dire : « Je t'aime ». Vous ouvrirez ainsi les portes de votre cœur et de votre esprit, laissant place au moment présent et vous donnant accès à toute votre beauté intérieure. En faisant cet exercice, vous comprendrez qu'afin que votre reflet vous offre un sourire, vous devez d'abord sourire vous-même. Il en va de même pour le monde extérieur : ce dernier n'est que le reflet de votre monde intérieur. Si vous désirez qu'il change, vous devez d'abord amorcer ce changement.

S'AIMER

Le rôle principal

Vous êtes le centre de votre existence, l'acteur principal du film de votre vie. Vous existez avant tout pour VOUS, pour évoluer par l'entremise de votre expérimentation. Il n'est pas égoïste de penser ainsi; c'est même essentiel.

Le rôle principal

La personne la plus importante de votre vie, c'est VOUS. Contrairement à la croyance populaire, il n'est pas égoïste de penser ainsi ; c'est même essentiel. Vous existez avant tout pour VOUS, pour évoluer par l'entremise de votre expérimentation. Cela ne signifie pas de complètement délaisser les autres. S'aimer et aimer les autres, c'est permettre à chacun de vivre sa propre évolution et ses propres expériences. Cette carte vous rappelle simplement que vous tenez le rôle principal dans votre film… tout en sachant que votre histoire ne serait pas complète sans les autres. Reprenez le rôle central de votre vie.

S'AIMER

Vous avez droit au bonheur

Donnez-vous la permission d'accéder au bonheur. N'attendez plus l'accord de qui que ce soit. Aimez-vous assez pour vous permettre de vous amuser et de vivre pleinement et heureux. C'est VOTRE vie, après tout.

Vous avez droit au bonheur

Le message de cette carte est clair : n'attendez pas des autres la permission d'accéder à l'amour. Aimez-vous assez pour vous permettre de vivre pleinement et heureux. Chaque être humain sur Terre a le choix de s'épanouir, d'être heureux et de vivre dans l'amour… ou non. Toutefois sachez que personne n'est ici pour souffrir; personne n'est né « pour un petit pain ». Ce sont de vieilles croyances qui limitent votre plein potentiel à accéder au bonheur et à l'amour qui sont disponibles pour vous en tout temps. Choisissez le bonheur, vous y avez droit. C'est VOTRE vie, après tout.

VIVRE LE FLOW

VIVRE LE FLOW

Acceptez de laisser être ce qui est

Faites plus de place au « laisser être » pour mieux vous abandonner au flow et permettez-vous de réaligner votre fréquence vibratoire, afin de vous arrimer à la version de vous et de la réalité qui vous met en joie.

Acceptez de laisser être ce qui est

Suivre le flow, c'est accepter de s'y abandonner, de faire confiance. Cela ne veut pas dire d'attendre passivement que les choses se produisent (votre rôle de co-créateur est immensément important), mais plutôt de rester à l'écoute et de vous adapter à ce qui vous est proposé comme vibrations, mouvements, contextes et situations. Si ce que votre réalité vous présente ne convient pas à votre bien-être, permettez-vous alors de réaligner votre fréquence vibratoire afin de vous arrimer à la version de vous et de la réalité qui vous met en joie. Il se pourrait que votre système interne vous incite à douter, à hésiter de faire confiance, à être réfractaire au laisser être ou encore à se braquer contre « ce qui est ». Permettez-vous de vous y pratiquer à petite dose, en douceur, acceptant de remplacer le doute par la curiosité, puis par le plaisir et ensuite par une franche liberté et un bonheur de « surfer » sur le flow.

VIVRE LE FLOW

Amplifiez la connexion
à votre Grandeur

Accordez-vous un moment
pour vous recentrer et vous rendre
disponible à la connexion avec votre
Grandeur, afin de vivre encore plus
dans le flow d'abondance.

Amplifiez la connexion à votre Grandeur

Votre Grandeur vous parle constamment. La véritable question est : prenez-vous le temps de l'écouter? Pour ce faire, vous devez d'abord vous rendre disponible, car la connexion est toujours présente. Vous pouvez avoir l'impression de ne pas être connecté, mais dans les faits c'est simplement vous qui avez mis la conversation sur pause. Votre Grandeur connait le chemin, elle a une perspective beaucoup plus élargie de votre existence. Elle connait les possibilités qui se dressent devant vous tout en sachant très bien ce que vous vivez actuellement. À travers elle, vous avez accès à une source d'abondance comme vous n'en avez jamais connu. Amplifiez la connexion à votre Grandeur, mettez-vous à son écoute et faites-lui confiance; elle vous montrera un chemin de richesse inestimable.

VIVRE LE FLOW

Déployez-vous dans le flow

Ancrez-vous et permettez-vous de vous déployer davantage dans le flow, en vous adonnant à des activités qui vous passionnent.

Déployez-vous dans le flow

Quelle est cette activité qui vous passionne à un tel point que le temps semble disparaitre? Vous savez, ces moments où vous êtes tellement absorbé par ce que vous faites qu'une heure ne semble durer que quelques minutes. C'est l'état de flow total. C'est dans ces instants que vous et votre Grandeur ne faites qu'un. C'est dans cet espace que votre connexion est la plus pure, votre alignement le plus franc. C'est là que vous vous déployez avec une aisance phénoménale. C'est aussi dans cet état que vous goûtez le plus à votre Essence. Plus vous embrassez les moments de flow, plus vous forgez votre personnalité à vibrer en cohérence avec votre Grandeur.

VIVRE LE FLOW

Message de vos guides

Plus vous pratiquez l'état de flow,
plus vous captez les messages de vos guides,
favorisant ainsi votre plein déploiement.
Même si parfois leur guidance vous semble
inconfortable, faites-leur confiance ;
ils ont TOUJOURS votre bien-être
à cœur.

Message de vos guides

Lorsque vous êtes dans le flow et que vous restez ouvert aux messages de vos guides, il est plus que probable que vous serez amené à explorer des zones dites inconfortables, voire même déstabilisantes de votre existence. Respirez profondément et faites confiance ! Les guides ont TOUJOURS votre bien-être à cœur. Si une inspiration, une intuition ou une synchronicité vous amènent à « sortir » de votre fréquence de confort, c'est en fait pour l'élargir, lui donner un brin de fraîcheur, favoriser un réalignement, assouplir certains concepts intégrés. Rappelez-vous que vos guides sont là, présents à vos côtés pour vous accompagner dans cette étape qui, probablement, est importante à votre processus d'épanouissement et à la manifestation de la version de vous pleinement déployée.

VIVRE LE FLOW

Plongez dans le champ vibratoire

Vous naviguez au sein d'un immense champ vibratoire contenant de l'information et auquel vous êtes constamment connecté. Acceptez de vous y rendre disponible et d'y plonger consciemment.

Plongez dans le champ vibratoire

Tout est énergie, ondes, fréquences vibratoires : vous, l'air, la Terre et tout ce qu'elle contient, l'univers et les étoiles. Absolument tout est vibrations circulant dans un flow continu, se transmutant et changeant de forme et de densité au gré de ses mouvements. Ainsi, en tant qu'être multidimensionnel, vous êtes fait du même matériau que le reste de l'univers et vous y êtes unifié. Ces champs vibratoires qui vous composent et qui vous entourent contiennent l'information dont vous avez besoin pour vivre une vie terrestre enrichissante et épanouissante. Lorsque vous acceptez de vous y ouvrir et d'y plonger consciemment, vous ouvrez la porte à plus de fluidité et de bienêtre dans votre vie et votre parcours terrestre.

VIVRE LE FLOW

Respirez pour être plus inspiré

Prenez une pause, maintenant, pour prendre quelques profondes respirations afin de générer l'état de flow. Ainsi vous redistribuez l'énergie pour la ramener au cœur de votre pouvoir de création.

Respirez pour être plus inspiré

La respiration est cruciale à la vie et principalement au bon fonctionnement de votre être. Lorsque vous êtes dans une période de stress, ce dernier se met naturellement en mode survie, ce qui signifie qu'il accorde plus d'importance au monde extérieur qu'à votre monde intérieur. Il cherche la source de danger et se prépare à y réagir. Dans ce mode, vous n'êtes plus dans le flow ni disponible à recevoir les messages en provenance de votre Grandeur. L'une des actions faciles et simples que vous pouvez poser afin de changer votre état rapidement est de prendre quelques profondes respirations en vous concentrant sur votre cœur. Pour maximiser les effets, évidemment si c'est possible et sécuritaire, faites ce petit exercice en fermant les yeux afin de vous couper quelques instants du monde extérieur. En portant votre attention à l'intérieur de vous, vous redistribuez l'énergie qui était auparavant consacrée à votre survie pour la ramener dans le flow et au cœur de votre pouvoir de création.

VIVRE LE FLOW

Suivez votre intuition

Honorez et faites confiance
à votre guidance intérieure, celle
en provenance de votre Grandeur.
Elle vous parle continuellement,
utilisant diverses façons
pour attirer votre attention.

Suivez votre intuition

Même si vous n'y avez pas encore tout à fait accédé ou si vous sentez que la connexion n'est pas toujours active, votre sagesse intérieure est constamment présente pour vous. Elle vous parle continuellement, utilisant diverses façons pour attirer votre attention. Que ce soit par de nouvelles idées soudaines, des messages entendus à la télévision ou à la radio, des heures jumelles (11 h 11 ; 13 h 13 ; etc.), elle vous invite à prêter attention à sa guidance. Vous l'appelez intuition, imagination, créativité, synchronicité, inspiration divine : tous les noms font référence à cette vibration qui vous habite. Aujourd'hui, vous êtes invité à vous déposer, à connecter avec la fréquence de votre Grandeur et à vous mettre à l'écoute de votre guidance intérieure.

À PROPOS DES AUTEURS

Marc Babin

Avec une expérience de plus de 15 ans en épanouissement personnel et en éveil de conscience, Marc est fondateur de l'Institut HDA – l'humain de demain aujourd'hui. Auteur, formateur et coach certifié en PNL (programmation neurolinguistique) utilisant principalement la canalisation comme outil de reconnexion et d'enseignement, il accompagne les gens dans leur propre processus de déploiement. L'expertise de Marc découle de son expérimentation de la vie à travers ses multiples façons de l'observer telles que la métaphysique, la spiritualité, la science, la philosophie, l'histoire, les plantes sacrées et plus encore.

Propulsé par la conviction que nous sommes des êtres multidimensionnels vivant une expérience physique à travers un corps humain, Marc se spécialise dans l'art d'amener les gens à atteindre des états de conscience élargie pour connecter avec leur Grandeur et ainsi accéder à un champ d'informations infini pour transformer leur quotidien... vers une vie plus heureuse, harmonieuse, joyeuse et épanouie.

Sylvie Goudreau

Après avoir passé plus d'une vingtaine d'années en grande entreprise en tant que consultante et formatrice en ressources humaines et coach en gestion de carrière, Sylvie s'est sentie poussée à vivre et à se déployer autrement. Fascinée depuis toujours par la nature multidimensionnelle de l'humain et de notre monde, et ayant vécu plusieurs expériences de connexion et de perception hors du commun, elle s'est passionnée pour l'exploration de la dimension vibratoire, la pratique d'états de conscience modifiée et la canalisation (channeling), tout en s'intéressant à la nouvelle science (physique quantique, neurosciences, épigénétique).

Aujourd'hui, Sylvie est fondatrice de l'Institut HDA – l'humain de demain aujourd'hui, et met à profit ses expériences et son expertise en tant qu'auteure et coach en Expansion multidimensionnelle. Depuis plus de 10 ans, elle offre de l'accompagnement, des enseignements et de l'expérimentation permettant aux humains de s'épanouir harmonieusement en tant qu'êtres multidimensionnels, à développer leurs propres capacités naturelles de perception, à avoir une meilleure compréhension des mécaniques du monde vibratoire, à vivre une vie guidée par leur Grandeur, richement évolutive, pleine de sens et remplie de joie. Le tout avec humour, amour et simplicité.

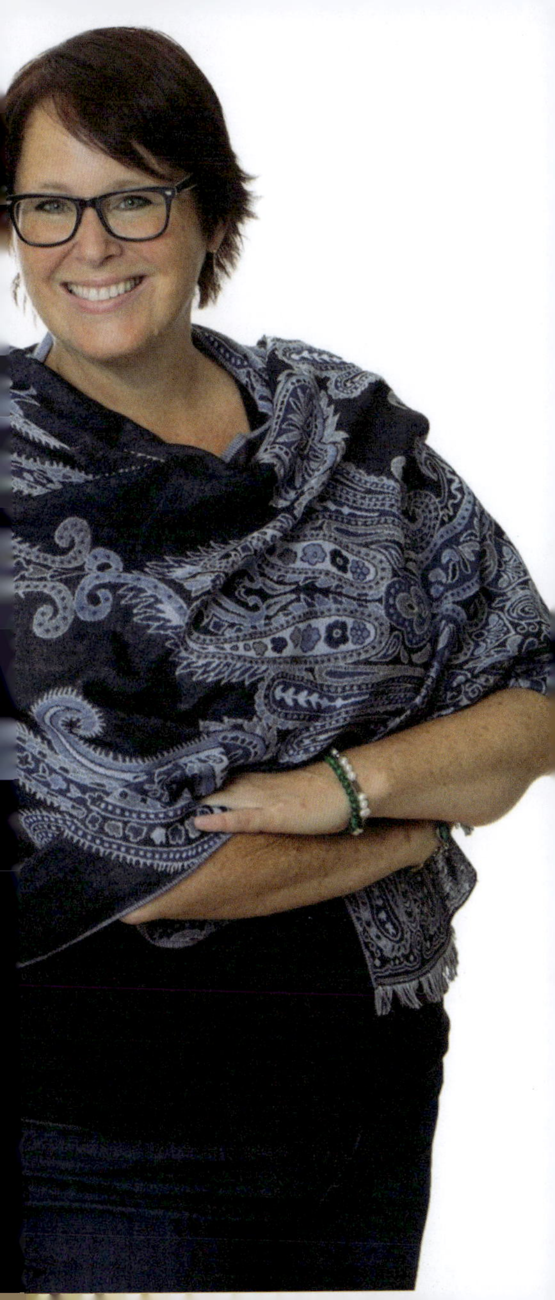

Marc & Sylvie
FONDATEURS DE L'INSTITUT HDA

Institut HDA

L'humain de demain... aujourd'hui !

Pour joindre les auteurs

www.institut-hda.com

ÉQUILIBRE AU QUOTIDIEN

Alignement et cohérence

Prenez un instant pour évaluer
votre état d'alignement et
de cohérence avec votre
Essence afin de bien vous
ancrer dans votre Grandeur.

Aimer
sa Vie...
plus que jamais !

ÉQUILIBRE AU QUOTIDIEN

Donner et recevoir

Contribuez consciemment à la circulation d'énergie entre vous et l'ensemble de l'Existence, car donner et recevoir constitue une action universelle qui maintient l'équilibre et la chaîne de la vie.

Aimer
sa Vie...
plus que jamais !

ÉQUILIBRE AU QUOTIDIEN

Lâchez prise

L'équilibre vient par l'apaisement et le relâchement de la pression que vous vous imposez. Agissez de votre mieux à chaque instant de votre vie, faites votre part et laissez l'Existence faire la sienne.

Aimer
sa Vie...
plus que jamais !

ÉQUILIBRE AU QUOTIDIEN

Le grand balancier de la vie

Afin de conserver votre équilibre et votre alignement à travers les différents cycles de la vie, ancrez-vous solidement dans votre Grandeur. Et rappelez-vous, l'Existence sait exactement ce qu'elle fait.

Aimer
sa Vie...
plus que jamais !

ÉQUILIBRE AU QUOTIDIEN

Moment présent

C'est dans le moment présent que
tout se met en œuvre harmonieusement.
Respirez profondément et appréciez
l'équilibre qui prend place.

Aimer
sa Vie...
plus que jamais !

ÉQUILIBRE AU QUOTIDIEN

Passez à l'action

Agissez en harmonie avec vos vibrations. Suivez vos élans intérieurs en demeurant à l'écoute des messages en provenance de votre Grandeur.

Aimer
sa Vie...
plus que jamais !

ÉQUILIBRE AU QUOTIDIEN

Tout est correct

Tout est un processus à travers lequel vous grandissez. Recentrez-vous en vous rappelant qu'il n'y a pas de mauvaises décisions, de fautes ni « d'erreurs ». Il n'y a que le chemin.

Aimer
sa Vie...
plus que jamais !

GRATITUDE

Appréciez la simplicité

Allez vers ce qui est simple, optez pour la légèreté. Simplifiez-vous la vie en allégeant le poids que vous portez, et choisissez plutôt de déployer vos ailes.

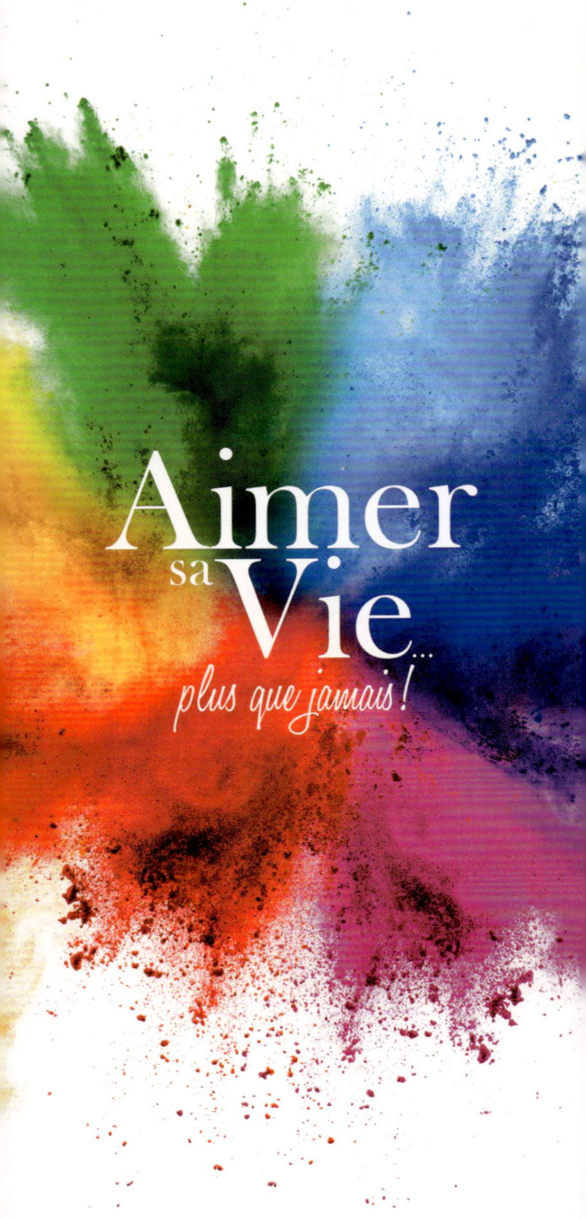
Aimer
sa Vie...
plus que jamais !

GRATITUDE

Centrez votre attention

Choisissez là où vous portez votre attention. Cherchez le beau dans chaque événement et appréciez-le, car en focusant sur ce qui vous fait du bien, vous enrichissez votre existence.

Aimer
sa Vie...
plus que jamais !

GRATITUDE

Ouvrez votre cœur

Accueillez sans crainte ce que l'Existence vous offre. Soyez curieux, intrépide et enjoué envers la vie... en ouvrant votre cœur, vous accéderez à des forces insoupçonnées.

Aimer
sa Vie...
plus que jamais !

GRATITUDE

Remerciez

Ici et maintenant, prenez le temps de dire merci à ce qui est, ce qui a été et ce qui sera. Ce faisant, vous élevez vos vibrations et reprenez contact avec les plus hautes énergies de l'Existence.

Aimer
sa Vie...
plus que jamais !

GRATITUDE

Reprenez votre pouvoir

Par chacune de vos décisions et chacun de vos choix, vous pavez le chemin de votre vie. Soyez conscient et reconnaissant de ce pouvoir qui est le vôtre.

Aimer
sa Vie...
plus que jamais !

GRATITUDE

Soyez fier de vous

Soyez fier du chemin parcouru jusqu'à présent. Soyez fier de ce que vous êtes devenu et de tout ce à quoi vous avez contribué, car l'Existence est fière de vous.

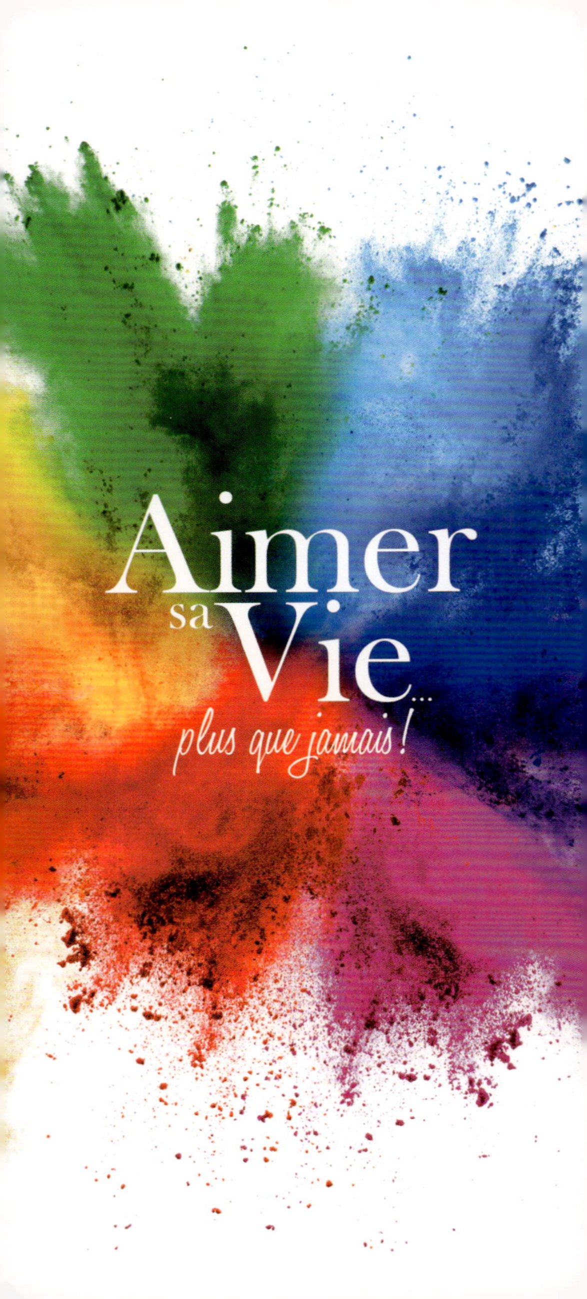
Aimer
sa Vie...
plus que jamais !

GRATITUDE

Vivez consciemment

Soyez présent à vous, aux expériences de votre vie, aux synchronicités offertes par l'Existence. En vivant consciemment, vous établirez une meilleure connexion avec votre Grandeur.

Aimer
sa Vie...
plus que jamais !

HISTOIRE PERSONNELLE

Acceptez votre histoire personnelle

Ce qui est fait est fait, vous n'avez peut-être pas de pouvoir sur les événements vécus, mais vous avez tout le pouvoir sur la façon dont vous vous racontez et dont vous faites revivre cette histoire.

Aimer
sa Vie...
plus que jamais !

HISTOIRE PERSONNELLE

Détachement

Respirez profondément et permettez-vous de vous détacher des émotions générées par les circonstances et la situation qui vous préoccupent. Rappelez-vous que les émotions sont porteuses de messages.

Aimer
sa Vie...
plus que jamais !

HISTOIRE PERSONNELLE

Respectez le rythme de votre vie

Votre histoire de vie
se dévoile à la vitesse à laquelle
elle doit se dérouler et à la façon dont
elle doit se dérouler. Faites confiance
au processus... tout va bien.

Aimer
sa Vie...
plus que jamais!

HISTOIRE PERSONNELLE

Tout est parfait

Même si vous n'en comprenez pas la signification ici et maintenant, tout a sa raison d'être. Chaque événement, situation et rencontre a son importance dans votre chemin de vie.

Aimer
sa Vie...
plus que jamais !

HISTOIRE PERSONNELLE

Tout est une expérience

Tout est neutre en soi :
vous le teintez de votre état d'esprit,
de votre point de vue, selon
ce que vous vivez et selon
les circonstances.

Aimer
sa Vie...
plus que jamais !

HISTOIRE PERSONNELLE

Votre existence est précieuse

Votre participation dans la grande orchestration de la vie est immensément importante. L'Existence aimerait prendre un instant pour vous remercier de votre contribution.

Aimer
sa Vie...
plus que jamais !

HISTOIRE PERSONNELLE

Votre raison d'être

Votre raison d'être sur la Terre est de reprendre contact avec votre Essence, votre Grandeur, et de l'exprimer en toute authenticité et cohérence à chaque instant.

Aimer
sa Vie...
plus que jamais !

PARDON

À chacun son rôle

Chaque individu que vous rencontrez a son rôle à jouer dans votre évolution, tout comme vous jouez un rôle dans la leur. Comprendre cette perspective vous amènera à ressentir plus de compassion pour les autres ainsi que pour vous-même.

Aimer
sa Vie...
plus que jamais !

PARDON

Avancez librement

Les événements du passé ne vous définissent plus. Il est maintenant temps d'avancer en cohérence avec votre Grandeur, sur les traces de la version de vous pleinement déployée.

Aimer
sa Vie...
plus que jamais !

PARDON

Le conditionnement

Vous êtes la résultante
de ce que vous avez appris à être.
Et si vous choisissiez plutôt de
montrer vos vraies couleurs ?

Aimer
sa Vie...
plus que jamais !

PARDON

Libération

Vous êtes porteur de la clé
de votre propre liberté. Délestez-vous
du bagage que vous traînez depuis si
longtemps et faites-vous le cadeau
de la libération.

Aimer
sa Vie...
plus que jamais !

PARDON

Nettoyage énergétique

Le pardon nettoie vos champs vibratoires des résidus du passé. En pardonnant, vous permettez à vos énergies présentes de se libérer de ce qui n'est plus pour laisser place à du nouveau.

Aimer
sa Vie...
plus que jamais !

PARDON

Prenez de la perspective

Prendre de la perspective facilite le pardon. Permettez-vous de prendre du recul pour mieux voir l'ensemble de la situation, avec le plus de neutralité possible.

Aimer
sa Vie...
plus que jamais !

PARDON

Renouveau

À chaque instant de votre vie,
vous avez le pouvoir de vous recréer.
En choisissant le pardon, vous vous
permettez d'évoluer vers la version
de vous pleinement déployée.

Aimer
sa Vie…
plus que jamais !

PLAISIR !

Célébrez chaque instant de votre existence

Prenez plaisir à honorer et à célébrer chaque pas que vous faites. Ce faisant, appréciez toute l'abondance qui est à portée de main, à votre disposition, chaque jour.

Aimer
sa Vie...
plus que jamais !

PLAISIR !

Chérissez votre vie

Rien ne peut égaler la richesse de votre vie. Prenez un instant pour savourer chaque période de votre existence, tant celles qui ont mené à l'être que vous êtes maintenant que celles qui se dévoilent présentement devant vous.

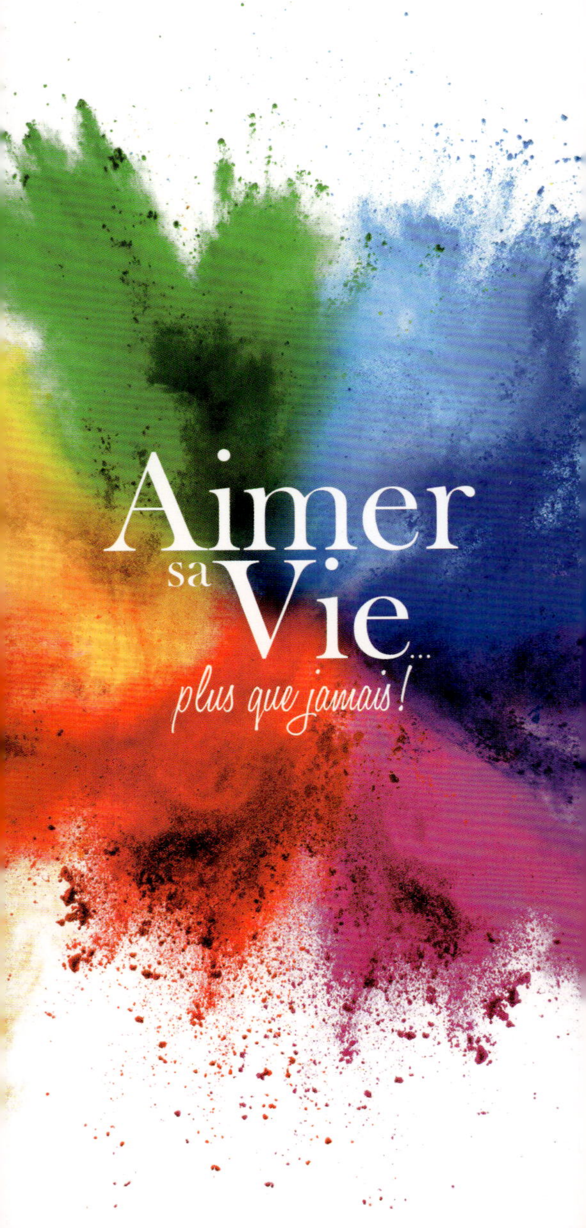
Aimer
sa Vie...
plus que jamais !

PLAISIR !

Dansez !

Valsez avec grâce au rythme de l'Existence. Permettez-vous de réintégrer dans votre vie la fluidité, la souplesse et l'agilité, autant dans vos pensées et vos actions que dans votre ressenti.

Aimer
sa Vie...
plus que jamais !

PLAISIR !

Dédramatisez

Ne vous prenez pas au sérieux
et ne prenez pas la vie au sérieux.
Retrouvez le plaisir dans chacune
de vos expériences de vie et
chacune de vos actions.

Aimer
sa Vie...
plus que jamais !

PLAISIR !

Jouez !

Partez à la découverte du jeu de la vie. Abordez vos expériences quotidiennes avec enthousiasme, plaisir et joie, avec la certitude et la confiance que vous pouvez tout accomplir.

Aimer
sa Vie...
plus que jamais !

PLAISIR !

Riez !

Accueillez tout ce qui est avec un sourire et avec humour, ainsi vous élevez vos vibrations et vous faites de la place à l'expression de votre Grandeur.

Aimer
sa Vie…
plus que jamais !

PLAISIR !

Simple, facile, fluide et agréable

Choisissez la simplicité, la facilité, la fluidité et le plaisir. Allez vers ce qui vous excite, ce qui vous procure de la joie. L'Existence s'occupe du reste.

Aimer
sa Vie...
plus que jamais !

RECONNAISSANCE

Incarnez-vous totalement

Reconnaissez que vous êtes un être à la fois physique et vibratoire, un être multidimensionnel. En assumant votre multidimensionnalité, vous permettez à la vibration de votre Grandeur de prendre place dans votre quotidien.

Aimer
sa Vie...
plus que jamais !

RECONNAISSANCE

Jamais seul

Vous êtes toujours accompagné à chaque instant de votre vie, à chaque pas sur votre route, tant dans le visible que dans l'invisible. Il est primordial de reconnaître l'apport de chacun dans l'expansion et la manifestation de votre vie.

Aimer
sa Vie...
plus que jamais !

RECONNAISSANCE

Se re-connaître

Refaites connaissance avec vous-même, dans tous vos aspects et toutes vos dimensions. Permettez-vous de remettre en question ce que vous avez appris à être pour plutôt favoriser l'expression de votre Essence propre.

Aimer
sa Vie...
plus que jamais !

RECONNAISSANCE

Soyez authentique

Être authentique, c'est laisser
sa lumière prendre sa juste place,
c'est être en cohérence avec sa Grandeur,
et inspirer les autres à en
faire autant.

Aimer
sa Vie...
plus que jamais !

RECONNAISSANCE

Toujours à la bonne place

Chaque événement et chaque expérience permettent votre éclosion, vous procurant tous les éléments nécessaires afin d'accomplir la suite de votre parcours. Vous êtes toujours là où vous devez être.

Aimer
sa Vie...
plus que jamais !

RECONNAISSANCE

Trouvez votre tribu

Entourez-vous de gens qui parlent le même langage que vous. Ce faisant, vous accélérez votre processus de déploiement et vous vous solidifiez mutuellement dans votre vibration.

Aimer
sa Vie...
plus que jamais !

RECONNAISSANCE

Voyez au-delà

Prenez conscience du monde vibratoire qui vous compose et qui vous entoure. Voir au-delà de l'être physique, au-delà des apparences et reconnaître la partie vibratoire en tout donne une tout autre perspective à votre vie.

Aimer
sa Vie...
plus que jamais !

S'ACCOMPLIR

Épanouissement

S'épanouir, c'est à la fois accepter de s'ouvrir totalement et d'embrasser la vie. Donnez-vous la permission de vous ouvrir avec confiance afin de vous épanouir plus que jamais.

Aimer
sa Vie...
plus que jamais !

S'ACCOMPLIR

Exprimez votre Grandeur

Vous êtes ici pour exprimer votre
Grandeur afin de contribuer
à votre propre évolution,
à celle des autres ainsi
qu'à celle de la Terre.

Aimer
sa Vie...
plus que jamais !

S'ACCOMPLIR

Harmonisation

Autorisez l'unification de votre
être physique et de votre Grandeur.
Celle-ci ne demande qu'à participer
activement à votre cheminement de vie.

Aimer
sa Vie...
plus que jamais !

S'ACCOMPLIR

Le voyage

Le plus beau voyage de votre vie
se passe de votre tête à votre cœur.
Afin de manifester votre version
pleinement déployée, permettez-vous
d'abord d'habiter l'espace
de votre cœur.

Aimer
sa Vie...
plus que jamais !

S'ACCOMPLIR

Quête de sens

Cessez de chercher ; laissez-vous guider par votre Grandeur et savourez vos expériences de vie. Faites-lui confiance car elle vous ouvre à des perspectives et à des possibilités qui vous sont encore inconnues.

Aimer
sa Vie...
plus que jamais !

S'ACCOMPLIR

Ressources et talents

Depuis votre naissance,
vous portez tous les outils,
talents, facultés, capacités et
ressources qui vous permettent
de vous déployer pleinement.
Prenez plaisir à les découvrir.

Aimer
sa Vie...
plus que jamais!

S'ACCOMPLIR

Zone de confort

Expérimentez et osez aller
à la rencontre de votre potentiel,
au-delà de vos peurs et limites.
Permettez à votre zone de confort
de prendre de l'expansion.

Aimer
sa Vie...
plus que jamais !

S'AIMER

Amour Universel

Choisissez l'Amour inconditionnel,
celui qui unifie, qui est sans
jugement, qui vibre
le respect et la bienveillance.

Aimer
sa Vie...
plus que jamais !

S'AIMER

Amplifiez votre fréquence vibratoire

Le temps des demi-mesures est terminé. Dites oui à la vie et aux hautes fréquences ! Quand vous vous maintenez dans des vibrations élevées, vos expériences de vie se transforment pour le mieux.

Aimer
sa Vie...
plus que jamais !

S'AIMER

Compassion

Dans chaque situation de votre vie, vous agissez toujours pour le mieux, en fonction du contexte et de votre état d'être ainsi que de votre état de conscience du moment. Agissez envers vous-même avec tendresse et compassion.

Aimer
sa Vie...
plus que jamais!

S'AIMER

La solitude

S'aimer, c'est passer
du temps de qualité avec soi.
Offrez-vous le luxe d'être seul
avec vous-même.

Aimer
sa Vie...
plus que jamais !

S'AIMER

Le jeu du miroir

Offrez-vous le cadeau de vous regarder dans les yeux et de vous dire : « Je t'aime ». Ce grand geste d'amour envers soi est immensément puissant. Et ne soyez pas surpris si l'Existence vous reflète son Amour en retour.

Aimer
sa Vie...
plus que jamais !

S'AIMER

Le rôle principal

Vous êtes le centre de votre existence, l'acteur principal du film de votre vie. Vous existez avant tout pour VOUS, pour évoluer par l'entremise de votre expérimentation. Il n'est pas égoïste de penser ainsi ; c'est même essentiel.

Aimer
sa Vie...
plus que jamais !

S'AIMER

Vous avez droit au bonheur

Donnez-vous la permission d'accéder au bonheur. N'attendez plus l'accord de qui que ce soit. Aimez-vous assez pour vous permettre de vous amuser et de vivre pleinement et heureux. C'est VOTRE vie, après tout.

Aimer
sa Vie...
plus que jamais !

VIVRE LE FLOW

Acceptez de laisser être ce qui est

Faites plus de place au « laisser être » pour mieux vous abandonner au flow et permettez-vous de réaligner votre fréquence vibratoire, afin de vous arrimer à la version de vous et de la réalité qui vous met en joie.

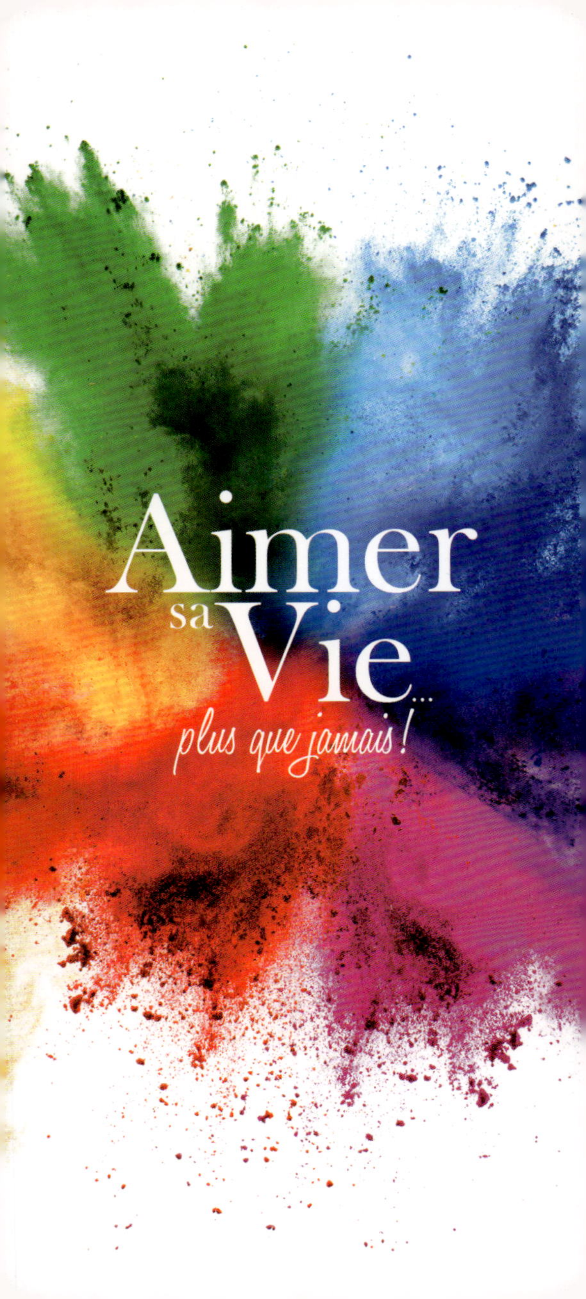
Aimer
sa Vie...
plus que jamais !

VIVRE LE FLOW

Amplifiez la connexion à votre Grandeur

Accordez-vous un moment pour vous recentrer et vous rendre disponible à la connexion avec votre Grandeur, afin de vivre encore plus dans le flow d'abondance.

Aimer
sa Vie...
plus que jamais !

VIVRE LE FLOW

Déployez-vous dans le flow

Ancrez-vous et permettez-vous de vous déployer davantage dans le flow, en vous adonnant à des activités qui vous passionnent.

Aimer
sa Vie...
plus que jamais !

VIVRE LE FLOW

Message de vos guides

Plus vous pratiquez l'état de flow,
plus vous captez les messages de vos guides,
favorisant ainsi votre plein déploiement.
Même si parfois leur guidance vous semble
inconfortable, faites-leur confiance ;
ils ont TOUJOURS votre bien-être
à cœur.

Aimer
sa Vie...
plus que jamais !

VIVRE LE FLOW

Plongez dans le champ vibratoire

Vous naviguez au sein d'un immense champ vibratoire contenant de l'information et auquel vous êtes constamment connecté. Acceptez de vous y rendre disponible et d'y plonger consciemment.

Aimer
sa Vie...
plus que jamais !

VIVRE LE FLOW

Respirez pour être plus inspiré

Prenez une pause, maintenant, pour prendre quelques profondes respirations afin de générer l'état de flow. Ainsi vous redistribuez l'énergie pour la ramener au cœur de votre pouvoir de création.

Aimer
sa Vie...
plus que jamais !

VIVRE LE FLOW

Suivez votre intuition

Honorez et faites confiance
à votre guidance intérieure, celle
en provenance de votre Grandeur.
Elle vous parle continuellement,
utilisant diverses façons
pour attirer votre attention.

Aimer
sa Vie...
plus que jamais !